Otfried Preußler · Herbert Holzing

Brot für Myra

Otfried Preußler · Herbert Holzing

Brot für Myra

Eine Geschichte vom heiligen Nikolaus

Deutscher Taschenbuch Verlag

Damals, zu Zeiten des längst vergessenen römischen Kaisers Maxentius, war der heilige Nikolaus Bischof von Myra, der Hauptstadt des Landes Lykien, fern im Morgenland. Dort begab es sich eines Jahres, daß während des ganzen Sommers kein Regen fiel, kein einziger Tropfen. Das Korn auf den Feldern verdorrte, im ganzen Land gab es weder Mehl noch Brot, selbst um viel Geld nicht. In ihrer Verzweiflung zogen die Bürger der Stadt vor das Haus des Bischofs und fragten ihn, was sie denn tun könnten, um der Not zu wehren.

»Ich will es euch sagen«, antwortete ihnen der heilige Mann. »Beten müssen wir, beten und beten!«

Da murrten die Leute und meinten, sie hätten schon viel zu viel gebetet. »Aber was hilft es uns? Gott erhört unser Flehen nicht, Gott ist taub und blind!«

Als der Bischof dies hörte, verhüllte er traurig sein Angesicht und begab sich hinaus in die Einsamkeit, an den Strand des Meeres. Dort kniete er nieder und flehte zum Herrn, er möge den Leuten die bösen Worte vergeben. Und siehe, auf einmal vernahm er von fern her Gesang, den Gesang von Kindern. War das ein Zeichen?

Der Bischof folgte den Stimmen, sie führten ihn an den Rand eines Fischerdorfes zwischen den Klippen. Dort lag, auf den Strand gezogen, ein altes Boot ohne Mast und Ruder. Die Kinder des Dorfes, ein rundes Dutzend wohl, saßen im Boot. Ein Junge stand vorn in dem alten Kahn, hoch aufgerichtet, die Hände zum

Himmel erhoben. Und alle, er wie die anderen Kinder, sangen mit lauter Stimme ein Lied, das sangen sie wieder und immer wieder:

»In Gottes Namen fahren wir, kyrie eleis,
Sein heil'ger Engel geh uns für, kyrie eleis.«

Der Bischof von Myra schaute den Kindern verwundert zu. Dann fragte er, was für ein Spiel sie da spielten.
»Wir spielen das Bischofsspiel«, sagte der Junge, der vorn im Boot stand. »Bei uns in Lykien herrschen Hunger und Not. Ich aber, der Bischof von Myra, und meine Gefährten: wir segeln in Gottes Namen, wohin uns der Wind und die Wellen treiben. So kommen wir in ein fernes Land, wo es Mehl und Getreide in Hülle und Fülle gibt. Dort kaufen wir für die armen Leute in Lykien ein. Wenn wir heimkehren, werden wir alles an sie verteilen, und niemand braucht mehr zu hungern in unserm Land.«
»Aber der Bischof von Myra besitzt kein

Schiff«, erwiderte traurig der heilige Nikolaus. »Woher sollte er eines nehmen?«

»Ein Schiff läßt sich ausleihen«, meinte der Junge im Boot.

»Und der Bischof von Myra ist arm. Will er Mehl und Getreide kaufen, so kostet das einen Haufen Geld, und das hat er nicht.«

»In jeder Stadt gibt es reiche Leute«, sagte der Junge. »Wenn man sie darum bittet, werden sie spenden.«

Der heilige Nikolaus nahm die Worte des Jungen als Fingerzeig. Eilends kehrte er in die Stadt zurück, begab sich zum reichen Kreon und sagte: »Der Friede des Herrn sei mit dir und mit deinem Hause, o Kreon! Gewähre mir eine Bitte.«

»Wenn du mich um Getreide bittest oder um Mehl, o Bischof, so muß ich dich leider abweisen«, antwortete der reiche Kreon. »Meine Vorräte reichen kaum für mich selber und mein Gesinde aus.«

Er verlange kein Mehl, kein Getreide, sagte der

heilige Nikolaus, er bitte den reichen Kreon nur um ein wenig Geld. Davon gedenke er für die Armen von Myra Mehl und Getreide zu kaufen.

»Geld kannst du haben, soviel du brauchst«, sprach der reiche Kreon. »Nur wo du Mehl und Getreide kaufen willst, ist mir rätselhaft.«

Nun begab sich der heilige Bischof zu Agasias, dem Herrn über dreißig Segel.

»Der Friede des Herrn sei mit dir und mit deinem Hause, o Agasias!« sprach er. »Leih mir, ich bitte dich, eines von deinen Schiffen. Damit gedenke ich für die Hungernden eine Ladung Getreide und Mehl zu holen, von jenseits des Meeres, aus einem Land, wo es Mehl und Getreide in Hülle und Fülle gibt, wie es mich unser Vater im Himmel hat wissen lassen durch einen Fischerjungen.«

Agasias verlangte zu hören, wo jenes Land denn liege – im Osten, im Westen, im Süden oder im Norden? Und wie denn gedenke der

Bischof den Kurs zu bestimmen, den er zu segeln habe?
»Den Kurs zu bestimmen, o Agasias, ist meine Sache nicht«, sprach der Bischof von Myra. »Wir segeln, wohin uns der Wind und die Wellen treiben – und es wird richtig sein.«
Agasias, der Herr über dreißig Segel, war ein erfahrener Seemann, er teilte die Meinung des heiligen Mannes nicht. Dennoch wollte er ihm die Bitte nicht abschlagen.
»Alles, o Bischof, was ich dir geben kann, ist das kleinste und älteste meiner Schiffe. Du mußt damit rechnen, daß es beim nächsten Sturm auseinanderbricht. Auch kann ich dir nur das Schiff geben, nicht die Mannschaft. Für meine Leute wäre mir diese Fahrt zu gefährlich. Die Mannschaft mußt du dir selber zusammensuchen. Zwölf Seeleute sind das mindeste, was du brauchst.«
Die richtigen Leute zu finden, war schwieriger, als der Bischof gedacht hatte. Wen immer er auf den Straßen von Myra fragte, ob er

bereit sei, mit ihm ins Ungewisse zu segeln, der schüttelte bloß den Kopf. Endlich geriet er an einen Korbflechter, der sich nicht lange bitten ließ.

»Zwar verstehe ich nichts von der Seefahrt«, sagte er. »Aber das eine weiß ich: Nichts auf Erden geschieht ohne Gottes Willen. Darum bin ich nicht bange und komme mit.«

Noch lange mußte der Bischof von Myra herumfragen, bis er die Mannschaft endlich beisammen hatte. Ein paar Taglöhner aus dem Hafen waren hinzugekommen, ferner gehörten ihr ein Sandalenmacher, ein Schmied und zwei ausgediente Soldaten an, auch ein Koch und ein Zimmermann, insgesamt zwölf an der Zahl. Mit ihnen ging er an Bord, und bevor sie den Anker lichteten, hieß er sie niederknien. Dann breitete er die Arme aus und begann zu singen:

»In Gottes Namen fahren wir, kyrie eleis,
Sein heil'ger Engel geh uns für, kyrie eleis.«

Seine Gefährten, der Korbflechter, der Sandalenmacher, die beiden ausgedienten Soldaten und alle anderen, stimmten in den Gesang mit ein:

»Wir segeln in des Engels Hut, kyrie eleis,
Wie er uns führt, so ist es gut, kyrie eleis.«

Sie holten den Anker ein, setzten Segel, so gut sie vermochten, und legten vom Ufer ab. Der Wind und die Wellen ergriffen das Schiff und trieben es vor sich her.
Drei Tage und Nächte lang fuhren sie über das weite, das grüne Meer. Endlich, am Morgen des vierten Tages, tauchte die Küste eines fremden Landes vor ihnen auf. Das Schiff verlangsamte ohne ihr Zutun die Fahrt, bis es schließlich anhielt. Da wußten sie, daß sie am Ziel ihrer Reise waren, und gingen an Land.
Dort trafen sie ein paar Bauersleute, Männer und Frauen, die zogen mit schwerbeladenen Eseln und Maultieren an der Küste

dahin, und alle ließen die Köpfe hängen und waren traurig. Der Bischof Nikolaus trat auf die Leute zu und fragte sie nach dem Grund ihres Kummers.
Das, so berichteten ihm die Bauersleute, sei rasch erzählt: Seit Wochen versuchten sie voller Verzweiflung, ihr Korn an den Mann zu bringen. An jedem Markttag trieben sie ihre Esel und Maultiere mit den prallen Getreidesäcken zur Stadt. Es finde sich aber kein Käufer dafür, kein Müller, kein Bäcker, kein Händler – niemand mit einem Wort.
»Und warum nicht?« fragte der Bischof von Myra erstaunt.
»Das kann ich dir sagen«, erklärte ihm einer der Bauern. »Bei uns ist die Ernte über die Maßen üppig gewesen in diesem Jahr, alle Kaufleute, alle Müller und Bäcker haben die Vorratsspeicher längst vollgestopft mit Getreide, bis unters Dach hinauf. Man könnte an Gott und der Welt verzweifeln, o Fremder!«

»Und wenn wir euch das Getreide abkauften?« meinte der heilige Nikolaus. »Wir kommen nämlich aus einem Land, wo die Menschen Hunger leiden. Der Vater im Himmel hat uns zu euch geführt. Seht ihr das Schiff dort, das nahe der Küste vor Anker liegt? Bringt euer Korn, euer Mehl dorthin. Wir kaufen euch soviel ab, wie wir unterbringen.«

Freudig zogen die Bauersleute mit ihren Eseln und Maultieren an den Strand hinunter. Der Bischof von Myra bezahlte ihnen das Mehl, das Getreide mit gutem Geld, davon hatte er ja genug. Die Gefährten schleppten die Säcke durchs seichte Wasser zum Schiff und verstauten sie für die Heimreise.

Die Kunde von der Ankunft der Seefahrer aus dem fernen Lykien verbreitete sich mit Windeseile. Aus allen benachbarten Dörfern kamen die Bauern mit Mehl und Getreide herbei.

Nicht lange, so stellten sich Kaufleute aus der nahen Stadt ein. Ob wohl die Fremden sich mit der Abfahrt bis morgen geduldden könnten? »Wir sind Kaufleute, ihr versteht. Man muß die Geschäfte machen, wie sie sich bieten. Wir könnten drei Frachtschiffe voller Getreide und Mehl mit euch auf die Reise schicken, aber das geht nicht vor morgen früh.«

Ohne sich lang zu bedenken, stimmten der Bischof und seine Gefährten dem Vorschlag zu. Drei Frachtschiffe voller Mehl und Getreide für Myra, für Lykien! Was sie wohl dazu sagen würden, die Kinder aus jenem Fischerdorf, draußen zwischen den Klippen? Dem heiligen Nikolaus kam ein Gedanke.

Er wartete ab, bis das Schiff beladen war. Dann begab er sich in Begleitung des Korbflechters in die nahe Stadt. Dort kaufte er von dem Rest des Geldes, das ihm der reiche Kreon geschenkt hatte, einen Korb voller Zuckerkringel, auch Äpfel und Nüsse, auch Datteln, Feigen und Mandelkerne.

Der Korbflechter wollte wissen, für wen dies alles bestimmt sei, der Bischof indessen bat

ihn: »Gedulde dich, bis wir wieder zu Hause sind, dort erfährst du es früh genug.«
Es dunkelte schon, als der heilige Nikolaus und der Korbflechter mit den Süßigkeiten und Früchten an Bord des Schiffes zurückkehrten, das an der Küste vor Anker lag.
Am nächsten Morgen dann, als die Sonne am Himmel emporstieg, kamen vom Hafen der Stadt drei Frachtschiffe angesegelt, schwer beladen mit Mehl und Getreide bis an den Bord. Der Bischof von Myra und seine Mannschaft begrüßten sie voller Freude. Dann lichteten sie den Anker und segelten vor den Frachtschiffen her, um ihnen den Weg zu weisen.
Auch diesmal war auf den Atem Gottes Verlaß. Der Wind und die Wellen trieben sie über das weite, das grüne Meer, zurück an die Küste des Landes Lykien.
Und die Bürger von Myra, als sie die Schiffe kommen sahen, strömten zur Stadt hinaus an den Hafen und staunten und wußten sich

kaum zu lassen vor Dankbarkeit. Der heilige Nikolaus aber, im Bug seines Schiffleins stehend, wies ihren Dank zurück.

»Nicht mir, gute Leute, habt ihr zu danken. Ein anderer ist es, dem Dank gebührt! Der Herr, unser Gott, hat uns nicht verlassen, der Name des Herrn sei gelobt und gepriesen in Ewigkeit.«

»Amen, amen!« riefen die Bürger von Myra, jene nicht ausgenommen, die noch vor wenigen Tagen den Namen des Herrn geschmäht hatten: Hunger ist Hunger, und Korn ist Korn.

Der heilige Nikolaus ließ das Mehl, das Getreide, das er an Bord seines Schiffes mitgebracht hatte, an die Armen der Stadt verteilen. Wer Geld hatte, mochte den fremden Kaufleuten selber abkaufen, was er brauchte. Seit vielen Wochen hatten die Bürger von Myra zum ersten Mal wieder satt zu essen. Sie waren zufrieden, sie waren dankbar, sie freuten sich ihrer vollen Bäuche.

Als dann der Abend hereinbrach, ein stiller, mondheller Abend, begab sich der heilige Nikolaus heimlich zur Stadt hinaus, nur begleitet von seinem Reisegefährten, dem Korbflechter, der ihm die Süßigkeiten und Früchte nachtrug.

Am Rand jenes kleinen Fischerdorfes zwischen den Klippen, im Schatten des morschen Kahnes, verharrten sie schweigend, bis in den Hütten die letzten Lichter erloschen waren. Dann schlichen sie heimlich von Tür zu Tür. Und überall da, wo sie Kinderschuhe auf einer Schwelle vorfanden – damals war es in Lykien auf den Dörfern gebräuchlich, daß man sein Schuhwerk die Nacht über vor die Türen der Häuser stellte – dort legten sie in die Schuhe Zuckerkringel hinein, Äpfel und Nüsse, getrocknete Feigen und Mandelkerne.

Dies war als Zeichen des Dankes dafür gemeint, daß die Fischerskinder den Bischof von Myra dazu bestimmt hatten, übers Meer zu fahren mit seinen Gefährten, ins Ungewisse hinein, nur geleitet von Gottes Barmherzigkeit, die wir niemals ermessen werden, und würden wir tausend Jahre alt.

Was bleibt mir zu sagen? Zu sagen bleibt mir das eine: Wo Kinder noch heute am Nikolausabend mit Äpfeln und Süßigkeiten, mit Nüssen und Mandelkernen beschert werden, so geschieht es zum Andenken an die alte, die fromme Geschichte vom heiligen Bischof Nikolaus und den Fischerskindern im fernen Lykien – damals, zu Zeiten des längst vergessenen römischen Kaisers Maxentius.

Von Otfried Preußler sind außerdem bei dtv junior lieferbar:
Bei uns in Schilda, Band 7258
Dreikönigsgeschichten, Band 70178
Die Abenteuer des starken Wanja, Band 70224
Herr Klingsor konnte ein bißchen zaubern, Band 70276

bei dtv:
Die Flucht nach Ägypten. Königlich böhmischer Teil, Band 1707
Das Otfried Preußler Lesebuch. Hrsg. von Heinrich Pleticha und Hansjörg Weitbrecht, Band 10959

Originalausgabe
Oktober 1990
3. Auflage September 1993

Umschlaggestaltung: Celestino Piatti
Umschlagbild: Herbert Holzing
Gesetzt aus der Bembo 15/18·
Gesamtherstellung: Kösel, Kempten
Printed in Germany · ISBN 3-423-70315-9